16points for Quality Conjugal Love

夫婦愛を育てる16のポイント

松本雄司
Matsumoto Yuji

光言社

はじめに

夫婦関係のことを研究してきて、深く感じていることは、夫婦の愛情関係というものは、私たちが考えているよりも、はるかに、はるかに、〝繊細で壊れやすいものだ〟ということです。

私たちが結婚生活を始めてから、思いもかけない形で、衝突や葛藤《かっとう》が生じてくるのは、「夫婦なんだから、これくらいのことは言っていいだろう」とか、「もう信頼関係があるはずだから、これぐらいはいいだろう」と思って採った態度が、予想に反して相手の心を傷つけ、反発を呼んでしまうからです。

そういう意味で、〝夫婦の愛〟というものは、成熟して、完成してからは、いかなる力をもってしても破壊できないほど強固だが、まだ芽生えたばかりの幼い新芽の段階では、ちょっとした嵐や日照りにも、たちまち致命的な打撃を受けてしまうほど、敏感で繊細であるということを、よく知っておく必要があるようです。

夫婦は仲良くなるにも、あるいは、険悪な関係になるにも、そこには、必ず原因があり、それを左右する法則があるということを感じます。夫婦がうまくいかなくなる原因は何か、そして、どうすれば〝永遠に一緒にいたい〟と思うほどの理想の夫婦に到達できるのか。そういった内容のエキスを、一冊にまとめてみたのがこの本です。

神様の恩恵を受けて出発したすべての祝福家庭が、生涯をかけて目指している〝理想家庭の建設〟のために、本書がその一助になれば感謝にたえません。

二〇〇六年八月二十日　著者

夫婦愛を育てる16のポイント

contents

1 相手の欠点

相手の欠点が気になる

ある祝福家庭の婦人から、こんな相談を受けたことがあります。

「家庭を出発した当初は、二人とも多忙ですれ違いの生活が多く、そんなに気にならなかったのですが、一緒にいる時間が多くなってから、夫の嫌《いや》な点が目についてきました。自分としては気になるし、その欠点を指摘してあげられるのは妻である自分しかいないと思うので、指摘すると、そのたびに、夫は血相を変えて怒ります。

そんな姿を見ると、『こんな人だったのか……』という情がわいてきて、夫を愛せなくなってしまうんです。自分も祝福には感謝しているんですが……」という悩みでした。

欠点を指摘すると……

原理を知り、堕落性とは何かを熟知している私たちは、家庭生活の中で「相手の欠点」がはっきりと見えてくるものです。しかし、それを正面から指摘すると、決して、良い結果は生まれません。

妻が夫に「ねえ、あなたのこういうところ、嫌《いや》だから、変えてちょうだい」と言ったとします。その言葉を投げかけられて、「はい、分かりました。変わるように努力します」という夫はめったにいません。カチーンときます。

また逆に、夫が妻の欠点を指摘して、「あなたのこういうところが気に入らないから変えてくれ！」と言った場合、「ああ、ごめんなさい。変えるように努力します」と素直に受け入れてくれる女性も、めったにいません。「あなたに、そんなこと言われたくないわよ！」と反発します。すると、夫は「全く、かわいげがない」と、愛したい気持ちも冷めてしまいます。これは、悲劇的な悪循環です。

お互いに、相手に変わることを要求し合うようになると、二人の関係はたちまち険悪な関係になってしまいます。

いったん、この悪循環の図式にはまってしまうと、蟻《あり》地獄のように、もがけばもがくほど深みにはまり、最後は互いに罵《のの》り合うようになって、夫婦の関係は苦悩に満ちたものになってしまいます。

一般の夫婦であれば、「もうけっこう、ここらで解消しましょう！」と言って、離婚手続きとなるわけですが、祝福家庭はそういうわけにはいきません。たとえ今、二人がどんなに難しい関係であっても、必ず、解決の糸口を探して、和合できる道を見いださなくてはなりません。

ありのままを受け入れる

では、「相手の欠点」が見えてきたとき、どうすればよいのでしょうか。

それはたった一つ。まずは「ありのままの相手を受け入れること」です。

つまり、相手に言いたいことが山ほどあったとしても、それをいったんは全部腹に収めて、「今のまんまのあなたでオーケーです」という立場をとるのです。そうしたときに初めて、二人がもう一度、スタートラインに立つことができます。

そのうえで、「相手に要求する」のをやめて、「相手の願っていることを満たしてあげる」という姿勢で、奉仕し、尽くしていくのです。

その努力を続けていけば、必ず、すべてが変わっていきます。今まで左回りになってしまっていた歯車が、右回りに回り始めるのです。

自分が親切にしてあげれば、相手はうれしいので愛情を返してきます。すると、もっと尽くしてあげたくなります。

こうして、いったんいい方向に回り始めたら、夫婦の愛情は、どんどん育っていきます。気がつけば、仲のいい、楽しい夫婦になっているでしょう。

目の前の人を愛する

「人を裁《あば》くな。自分がさばかれないためである」（マタイ七・一）
「何事でも人々からしてほしいと望むことは、人々にもそのとおりにせよ」（マタイ七・一二）

このようなみ言《ことば》を我々は学んできたはずですが、実際に、夫婦や親子という近い関係になると、かえって、それを実践することが難しいのです。

少し離れた立場にいる人たち、例えば、教会の兄弟姉妹や、友人、会社の同僚、近所の人たちには、案外親切にしてあげたり、思いやりをもって接したりすることができるのに、家族となると、かえって難しいということがあります。矛盾したことのようですが、現実にはよくあることです。

それは、他人には愛をあまり期待していないが、家族に対しては「してくれて当然ではないか」という、無言のうちの期待があるからです。それが得られないとき、相手に対する不満がたまり、ついつい裁くような言い方になってしまうのです。

内面に裁きの思いがあると、その言葉はどうしてもとげを含んでしまい、その言葉を投げかけられた相手は、敏感にそれを感じ取り、傷つき、反発します。

北風と太陽

結局、相手の良くないところを、本当に変えてもらいたいと思うならば〝北風より太陽〟のほうが良さそうです。

男がセンスの悪い厚いコートを身に着けている。それを脱がせようと、どんなに激しく風を吹きつけても、決して脱ぐことはない。逆に、ポカポカと暖かい愛の日ざしで包んであげると、自分でコートを脱ぎたくなるものです。

「変えられないのは過去と他人。変えられるのは未来と自分」という名言があります。

相手を無理に変えさせようとしても、まず成功は望めません。どんなに激しく相手の非を責めても、相手はますますかたくなになるだけです。〝急がば、回れ〟ということわざもありますが、結局、相手に変わってほしければ、自分が先に変わって、相手に親切を示すことが、最も早道であるということになります。

◆

相手に欠点があれば、神様に感謝できる条件となります。それは神様の重い荷を減らしてさしあげる条件となります。相対が一から十まで自分より足らないときは、かえって神様の前に、自分を表すことのできる条件となり得ます。（『祝福家庭と理想天国Ⅰ』一二二五頁）

人に対するとき、その長所を探し出して欠点をかばってあげれば人はついてくる。人の悪い面ばかり見れば、自分の心霊に損害を受ける。（同一八九九頁）

《ポイント！》

一、相手の欠点を無理に変えようとしない。

二、相手のありのままを受け入れる。

三、相手の願っていることを満たしてあげる。

四、相手を変えるのは、北風より太陽。

2 お互いの違いを認める

かみ合わない二人

妻「子供は、小さいときに厳しくしつけておかないと……」
夫「いや、子供は干渉しないほうがいいんだ」
妻「やっぱり、学歴も必要よ」
夫「いや、そんなことはどうでもいいんだ。実力だ」
妻「親戚《しんせき》づきあいを良くしておくべきだわ」
夫「そんなことより、まず、自分の生活だよ」
妻「摂理が大事よ。献金も早くしなくちゃ」
夫「車を買わなきゃ、仕事ができないでしょ」

「……こんな具合なんです。どうにもこうにも、あの人とはやっていけません」とその婦人は憤懣《ふんまん》やるかたない様子でした。一緒に暮らしていても、すべての点で意見が食い違って、しかも、お互いに一歩も引かないので、いつも衝突するというのです。

こんな経験は、多かれ少なかれだれでもするものです。信仰生活の面でも、家庭生活の面でも、夫婦で意見が合わないことは珍しくありません。「自分の考えは、経験から出ているので間違いはない、相手の考え方がおかしいんだ」と思うわけですが、相手も同じように思っていることが多いのです。したがって、相手を無理に〝自分流〟に従わせようとすると、衝突が起こります。言い合いになったら意地でも負けたくはありませんから、結局、けんかになり、相互不信につながりかねません。

結婚生活を始めるとき、最も大切なことは、〝自分と相手は違うんだ〟ということを、しっかりと自覚して、出発することではないでしょうか。

性格と能力の違い

第一は、もって生まれた性格や能力の違いです。性格の違いによって、ものの受け止め方や、反応の仕方は全く違います。性急な性格の人には、ゆったりした性格の人がぐずに見えたり、繊細な性格の人には、豪胆な人が横暴に見えたりすることがあり、優しい性格の人には、激しい性格の人の言動は威圧感を感じるものです。また、数字に強い人は、弱い人がもどかしく、話の上手な人は、無口で何も表現しない人が理解できません。そして、体の丈夫な人には、体が弱くて疲れやすい人の態度はだらしないように見えることもあります。

育った家庭環境の違い

私たちのものの考え方には、育てられた家庭環境が大きく影響しています。家庭が裕福であった人と、貧困であった人の金銭感覚の違い。兄弟が多い場合と、一人っ子の場合の違い。長男・長女と末っ子の違い、さらに、両親の教育方針によっても大きく違ってきます。本人の自主性を重んじる放任主義で育てられた人と、親から手取り足取りで育てられた人では、人への接し方が違います。

そして、祖父や祖母のいる大家族で育った人と、核家族で育った人と、両親の離婚や死別で片親に育てられた人も、それぞれに感受性の違いがあるようです。

さらに、家業が農林業や漁業だった人と、商店など自営業だった人と、サラリーマンの両親のもとで育った人も、発想にかなりの違いがあります。

さらに、両親が何か信仰をもっていた人と、無神論者の両親から育てられた人でも、やはり、考え方に微妙な違いを感じます。

育った国や地方の違い

最近は、国際結婚のご夫婦から相談を受けることも少なくありません。韓国で育った人、日本で育った人、アメリカで育った人、ヨーロッパで育った人、東南アジアで育った人。それぞれの国は、歴史や宗教の違いや体制の違いから、民族性や習慣が全く違います。また、同じ国でも、地方によって、かなり習慣が違います。同郷の人同士のカップルなら、習慣の違いはないでしょうが、育った国が違い、地域が違う者同士が結婚したとき、当然のことながら、生活のありとあらゆる面で、受け止め方や発想の仕方が違います。相手が、自分の想像もできないところで悩んだり、不満をもったりすることがあるのです。

ただ、そういった面では国際カップルは苦労が多いと思いますが、その二人が、愛情と努力によって互いの距離を縮めて、うまくいったときの家族の姿は、とても感動的で素晴らしいものを感じます。特に、国際カップルの二世には、非常に豊かな才能を見い

だすことが少なくありません。

大きな心でお互いの違いを認めよう

私と相手は違うのだということを、大きい心で認めましょう。相手が自分の思いどおりにならなくても、すぐに、「私の言うことを聞かない」、「私を愛していないんだ」と思わないで、まず、許容しましょう。

そして、そんな時には、〝クオリティタイム〟をもつことをお勧めします。〝質のいい時間〟、つまり、〝水入らずの時間〟のことです。お茶を飲みながらでもいいし、どこかへ出かけてもいい。二人が穏やかに語り合える時間を、何度も何度もつくって、そこで、自分の半生をしんみりと語ってあげ、そしてまた、相手の家庭事情や生い立ち、そして、今日までやってきた勉強、仕事、趣味や一生の夢のことなどに至るまで、じっくりと聞いてみましょう。そうすることによって、相手の考え方や態度がなぜそうなのかということが理解でき、誤解や不信が解け、相手の気持ちが分かるようになります。そしてまた、相手の素晴らしい面を発見でき、人間性を見直すことができると思います。

◆

最初、三年間は、接ぎ木しようとしても、一つとなるときまでは合いません。家柄が異なり、風習が異なり、礼節が異なった男性と女性が一致するのは何ですか。合わせるようにしてこそ、合うようになります。(『祝福家庭と理想天国I』一二二二頁)

《ポイント！》

一、自分流を無理に押し付けない。

二、自分と相手の違いを認めてあげる。

三、お互いの生い立ちや夢をじっくり聞く。

四、大きな心で相手を受け入れる。

3 「ありがとう」の力

ありがとう欠乏症

ある祝福家庭のご夫婦と話をしたときのことです。

夫「家に帰っても、安らぎがないんですよ。とにかく、妻は愚痴《ぐち》が多くて、空気が重たいんですよ……」

妻「私だって疲れるんですよ。夫はいつもむっつりして、機嫌が悪いし、何か手伝ってもらいたいことがあっても、言いにくいし……」

心なしか、二人とも相当、ストレスがたまっている様子でした。

〝夫婦の慣れ〟というのは、恐ろしい一面があります。

私たちは、忙しさに追われながら生活しているうちに、いつしか感謝の気持ちを忘れ、相手をいたわる心配りができなくなっている場合があります。

人間のだれもがもっている強い欲求の一つは、「感謝されたい」という思いです。人から「ありがとう」「助かりました」と感謝されると、本当にうれしいもので、「また親切にしてあげたい」という優しい気持ちになれます。

だれもが、「感謝されたい」という思いをもって生きているのです。我々の生活に潤いがなくなり、何となく殺伐《さつばつ》とした関係になるのは、家族の関係が「一種の病的状態」になっているからです。私は、この状態のことを「ありがとう欠乏症」と呼んでいます。

夫は妻にいたわりの言葉を

妻が、朝早くから炊事や子供の世話をし、昼は仕事や掃除・洗濯、夕方は買い物と食事の準備、夜は子供の世話と食器洗いや片付けをする。

それを「当たり前」と言ってしまえば、それまでですが、実際は、家事・育児も、男

母の日
ありがとう

性が考える以上に重労働です。夫が手伝いもしなければ、ねぎらいの一言もかけなければ、妻は「この人には、愛情というものがあるんだろうか」と感じてしまいます。

たとえ、夫婦の間でも、「遅くまで大変だね」「ありがとう」「お疲れさん」といった〝いたわり〟の言葉があれば、「私の苦労を分かってくれているんだわ」と愛情を感じるものです。

妻は夫に感謝の言葉を

夫が、朝から夜遅くまで仕事をする。買い物につきあい荷物を持ってくれる。ごみ出しや家の修理をする。庭の手入れや車の掃除をする。

そんな日常のことを「当たり前」と考えて、感謝の一言も言わないで、「もっと早く帰って、子供の世話くらいできないの！」と言われれば、どんな夫でもムッとして、不愉快になります。

妻から「お父さん、ありがとう」「お仕事、大変でしょう」「お茶を入れましょうか」という優しい言葉を聞けば、夫の疲れは癒《いや》され、愛情がわいてきます。特に、給料を受け取ったときや、家事を手伝ってくれたときには、心から「ありがとう！」と、感謝を言葉で表すべきでしょう。

「ありがとう」の力

「カムサハムニダ」（韓国語）、「サンキュウ」（英語）、「ダンケシェーン」（ドイツ語）。言語は違っても、この「ありがとう」という言葉には、不思議な響きがあります。

心の込もったその言葉を聞いた瞬間、〝心が温かくなる〟のを感じ、〝うれしくて幸せな気持ち〟になり、〝言ってくれたその人が好き〟になり、〝言われた自分も好き〟になれるのです。そして、なぜか、心の深いところから勇気がわいてきて、〝もっと人に優しくしてあげたい〟という気持ちになるのです。

◆

新しい心をもちなさい。信仰はいつも楽しくなければならないし、感謝しなければならない。祈って喜んで常に愛がわきいずる心が新しい心である。(『祝福家庭と理想天国Ⅰ』三一七頁)

家庭をもってからは、以前より三倍以上の感謝する生活をしなければならない。(同三九四頁)

《ポイント！》
一、相手の苦労に感謝を表そう。
二、一日十回「ありがとう」と言おう。
三、夫も妻も笑顔で「ありがとう」。
四、「ありがとう」は幸運を呼ぶ。

4 「私の愛」と「あなたの愛」

愛することに疲れた？

夫婦の対話を基本にした一泊二日の「夫婦幸せづくりセミナー」を、ある地方で行った時のことです。一日目の夜、一人の男性が「話があります」と言って来られました。

彼は大きなため息をついたあと、話し始めました。

「結婚して大分たちますが、なんだか疲れました……」

「どうなさったんですか」

「うーん、自分としては、何とかうまくやっていきたいと思って、妻を愛するように努力してきたつもりなんですが、どうもそれが通じないんですよ……」

「どうしてですか」

「妻や子供のためにと思って必死に働いているのに、感謝の言葉もめったにないし、それに、妻を喜ばせたいと思ってお土産を買ってきても、気に入った時でないと、喜んでくれません。この前なんか、服を買ってきてあげたのに、ありがとうの一言も言わないで、『これ高いんじゃない？　それにこの柄、ちょっとねぇ』と言われ、がっかりしました。

それだけじゃない。親密になりたいと思って時々、手をつないだり、肩を抱いたりしてあげようとすると、何か嫌《いや》がる感じなんですよ。だから、『この人は人の好意や愛情が通じない人なのか』と思ってしまいますよ」

妻の気持ち

そのあと彼の奥さんにも会って、そのことを聞いてみると、「こっちこそ、疲れますよ！」と言う。「どういう意味ですか？」と聞くと、

「私も今まで、夫と仲良くやっていきたいと思って、何度も、愛情を伝えようと努力してきたつもりですよ。だけど、そのたびに、がっかりさせられるんですよ！」

「どんな面でですか？」

「家事や育児はもちろん、収入を補うためのパートもやって、『彼を支えてあげることが、何よりも彼に対する愛情だ』と思ってやっているのに、ありがとうの一言もないし、それに、この前なんか、たまには二人だけでロマンチックな時間をもてたらと思って、コンサートに誘ったら、『そんな時間はないよ！』と、そっけない返事でした。本当にがっかりしました。『この人は、人の気持ちが全く分からない人なんだ』と思ってしまいましたよ」

そう言いながら、彼女はかなり不満げでした。

私は「この問題は、明日、テーマとして扱いますから、そこで一緒に考えましょう」と言って、その日は休んでもらいました。

愛情表現の行き違い

皆さんも、家庭生活の中で、このお二人と同じようなことを、感じたことはありませんか?

「自分では相手に愛情を伝えようと一生懸命に努力しているのに、なぜか、相手がそれを分かってくれない」と、もどかしく感じることです。

実は、これは「相手に愛情を伝えようと努力しているが、自分の愛情表現が、相手が欲している愛情表現と異なるために、相手にはあまり愛情として感じてもらえない」という問題なのです。

つまり、「私の愛」と「あなたの愛」の〝悲劇的すれ違い現象〟と言えます。

人はみな性格が違うように、〝何を愛情と感じるか〟は、人によって全く違います。

翌日、同セミナーで、以下のような愛情表現の行き違いの問題を取り扱い、夫婦で確認し合い話し合ってもらいました。その結果、このご夫婦も「非常に整理できました。

目からうろこが落ちる思いでしたね」と喜んでくれました。

愛情表現の八つの方法

夫婦間の愛情表現には、およそ八種類の方法があります。

①言葉で直接伝える

「感謝している」「愛している」といった内容を、口で言うか、手紙で書くなど、具体的に言葉で愛情を伝える方法。

②贈り物によって伝える

お土産を買って帰るとか、誕生日のプレゼントとか、贈り物をあげることで、好意を伝える方法。

③スキンシップで示す

手をつなぐ、マッサージをする、肩を抱く、キスをする、そばに寄り添うなど、身

メール
愛してるよ。

体的な触れ合いで親密感を表す方法。

④具体的奉仕をする

夫がごみ出しや炊事・洗濯を手伝ったり、妻が夫の身の回りの世話をしたりするなど、相手のために具体的に奉仕をすることで愛情を表す方法。

⑤自分の仕事に励む

夫が仕事に励んでより高い収入をもたらすこと、あるいは、妻が家事・育児やパート勤務に励むこと自体が愛情であると考えること。

⑥性生活のサービス

性生活において、しっかりサービスして、相手に満足を与えることによって、愛情を表現する方法。

⑦クオリティタイムをもつ

趣味や信仰の活動を二人で一緒にする、あるいは、二人だけのロマンチックな語らいの時間をもつなど、〝質の良い時間〟(二人だけの親密で穏やかな時間)をもつことによって愛情を深めようとする方法。

⑧自由にさせてあげる

相手に干渉せず、自由に好きなことをさせてあげることが、相手に対する愛情だと考えること。

「私の愛」と「あなたの愛」

夫が努力してきた愛情表現の方法が、妻が期待した愛情表現と一致し、妻が努力してきた愛情表現が、夫の願った愛情表現と一致していれば、何の問題もないでしょう。夫の愛情が妻に、妻の愛情が夫に十分に伝わり、お互いに満足を得られることでしょう。

しかし、不幸にも、一方が努力してきた愛情表現が、相手が期待する愛情表現と違っていた場合は、せっかくの愛する努力も十分に伝わらないことになります。

この状態が長く続いた場合、愛情を伝えようと努力をしてきたほうは、「この人は、人の気持ちが分からない人だ！　変わっている」と感じてしまいます。また、相手から見れば、「この人は、なぜ私をもっと愛してくれないのか！」という不満が続きます。

先のご夫婦の場合を例に取ると、二人で確認してみたところ、全くすれ違っていたことが分かりました。

ご主人が努力してきたのは、「贈り物」と「スキンシップ」と「仕事熱心」だったのですが、奥さんが欲しかったのは、「言葉」と「具体的奉仕」と「クオリティタイム」による愛情表現だったのです。

一方、奥さんが努力してきたのは、「家事・育児」と「仕事熱心」と「クオリティタイム」だったのですが、ご主人が欲しかったのは、「言葉」と「スキンシップ」と「性生活」による愛情交流でした。

つまり、夫が努力してきたことが、実は、妻からすると、さほどうれしいことでもなく、もっと別な愛情表現を切に願っていたのです。

同様に、妻が自分なりに長い間やってきたことは、夫にとってはうれしいと感じるほどのものではなく、もっと別な愛情表現を望んでいたのです。

このことが分かり、二人とも愕然《がくぜん》としたというのです。なんと悲しき、お互いに〝報われぬ愛〟であったことでしょうか。

相手の欲する愛情表現

我々は夫婦と言っても、もともと生まれも、育った環境も違い、性格も違います。ですから、「自分がこうだから相手もこう思ってくれるだろう」という考えが通用しません。

そこで、このような「愛のすれ違い」の悲劇をなくすために、「相手が願っている愛情表現は、いったい何か」ということを、一度じっくり確認し合う必要があります。

どうぞ皆様も、今晩、二人でじっくりと本音で話し合ってみてください。「八つの愛情表現の中で、自分が努力してきたことは何であり、相手が期待していた愛情表現はいったい何なのか」を。

相手が心から欲していることをしてあげることができたとき、初めて、お互いの愛する努力は「報われる愛」となります。

◆

家庭的な基盤を立てるにおいて、夫に妻が心を合わせてあげれば福を受けるのであり、妻に夫が心を合わせてあげれば福を受けるのであり、子女が一つとなれば福を受けるのです。今は、家庭救援時代なのです。(『祝福家庭と理想天国Ⅰ』一三一一頁)

《ポイント！》

一、伴侶《はんりょ》の愛する努力を認めてあげる。

二、確認！　私の愛する努力は通じているか。

三、相手の欲する愛情の形を聞く。

四、相手の望む愛情表現をしてあげる。

5 信仰と夫婦愛

一つ屋根の下の〝同志〟

ある男性と話したときのことです。

「時々、ふっと思うことがあるんですよ。自分たちは、いつ本当の夫婦になれるんだろうか……ってね」

「どうしてそう思うんですか?」

「昼は仕事に追われ、夜、家に帰り御飯を食べて、テレビを少し見て寝る。妻は、朝は家事と子供の世話、昼は活動に奔走し、夜は疲れて寝る。もちろん、訓読会や敬礼式はやっていますよ。しかし、夜の夫婦生活もほとんどないし、お互いが自分なりに生きているような感じで、『これで、本当の夫婦なのかなあ』って思うことがあるんですよ」

私たちは〝永遠の愛の夫婦〟になるために祝福を受けましたが、長い間の習慣で、〝み旨の同志〟という感覚が染みついていています。

夫は家族のために働き、妻は炊事・洗濯をやっている。同じ屋根の下で暮らし、子供もいる。だから、多少ギクシャクはしていても、「夫婦」であることに間違いはない……。

しかし、本当に二人で「夫婦の情愛」をはぐくんでいく努力をしなければ、〝一つ屋根の下の同志〟という程度の夫婦で、一生終わるかもしれません。

夫は信仰がない？

ある婦人が、「私の夫は原理を知っているのに、信仰がなくて尊敬できない」と不満げに言います。「夫は敬礼や祈祷や訓読の条件をきちんと守らない。仕事だといって、礼拝や集会に出ない。この世の本やテレビをおもしろがって見ている……。全く不真面目で信仰がない！」と言うのです。

しかし、そのご主人とつきあってみると、確かに、一見《いっけん》ぞんざいには見えますが、きちんと神様を信じ、真の父母様を慕っている。摂理にも関心はもっているし、氏族復帰にも意識があってコツコツとやっている。もちろん、酒もタバコものみません。どう見ても、れっきとした「信仰者」でした。

信仰と信仰観

妻はともすると、生活面での外的な細かいことを重視し、夫がそれをしていないと、「この不信仰者め」と決めつけやすいのです。その夫は、本当に信仰がないのでしょうか。

私たちは自分の考えに合わないと、その人を「不信仰者」と思いやすいのですが、それは「信仰がない」のではなく、「信仰観が違う」だけなのです。

「何を最も重視するか」、すなわち　信仰生活の中で、ある人は、アダム・エバ問題の分別を最重要と考え、ある人は、中心性（カイン・アベル問題）を絶対視します。また、礼拝参加や、伝道実績や、献金で評価をする人もいます。これらはみな大切なことではありますが、何を「最重要」と考えるかは人によって違います。そういう意味では、食《シッ》口《ク》が百人いれば、信仰観も百通りあるのです。

自分の秤《はかり》に合わない人を「不信仰」と決めつけてしまうことは、大きな間違いを犯すことになりかねません。

信仰と夫婦愛

摂理的活動や集会には熱心であるが、夫（妻）に対しては、本当の意味で大切にしようとしない。相手が内心どんなに葛藤《かっとう》し、悩みを抱え、忍耐だけで夫婦関係を維持しているような状態であっても、本気で向き合ってあげようとしない……。こんな夫婦の姿で、果たしてよいのでしょうか。神様と天地人真の父母様が「おお、み旨に熱心でよろしい！」と、喜んでくださるでしょうか。

信仰生活において、「神と私」「メシヤと私」という縦的関係は、最も重要なことですが、それと同じくらいに「夫と妻」「親と子」という横的関係も重要であるというのが、天一国時代《てんいちこく》に求められる祝福家庭の姿であると思います。

神様のみ旨成就の道には、何らかの家庭的犠牲が伴うことはやむを得ませんが、それはどこまでも、「夫婦」「親子」でよく話し合い、理解し合っていてこそ、神様の前により供え物になれるのではないでしょうか。

◆

夫が主体であり、妻が対象だということを知らなければなりません。このような基台を造成した土台の上に、夫と妻が一つとなって新しい主体に侍《はべ》り、対象の立場に立つようになるのです。すなわち、神様と愛の関係を結ぶことのできる、相対格となるのです。愛は主体と対象関係が成立しない限り、訪ねてきません。（『祝福家庭と理想天国Ⅰ』一

二三四頁）

《ポイント！》

一、自分の秤《はかり》で相手を決めつけない。

二、「一つ屋根の下の同志」から「真の夫婦」へ。

三、多忙でも夫婦間の情愛を大切にしよう。

6　男のプライド

二人はもう長いことうまくいかず、家の中がおもしろくないと言います。妻の話を聞くと、

「うちの夫はキレやすいんですよ。私が何かちょっと言うと、ムッとした顔をして黙る。もう一言言うと、『うるさい！』と言って怒るんです。こっちも『何さ』という気になるので、ついけんかになってしまうんです」

ということでした。そこで、ご主人に聞くと、少し違っていました。

「いや、自分は本当は温厚な性格だと思うんですが、妻の傲慢《ごうまん》な態度や言葉に接すると、ムッとして、つい言葉が荒くなってしまうんですよ。女性なら、もっと丁寧《ていねい》な言い方や優しい態度ができないんでしょうかね……。外では仕事で疲れるのに、家に帰ったら、

もっと疲れるんです」

不和の原因

夫婦関係が険悪になる一つの原因は、「相手の自尊心を傷つける」ということです。人間にはどんな人にも、〝プライド〟があります。夫も妻も相手のプライドを傷つけないように細心の配慮をしなければ、思わぬ衝突を招くことになります。

ところで、女性上位時代とも言われる最近では、夫婦関係がうまくいかない大半の直接原因が、この問題にあるようです。それは、妻が無意識のうちに、「夫の自尊心を傷つけてしまう」ということです。

当然のことながら、男性にも女性にも人間としてのプライドというものがあります。しかし、男性のプライドは、それを超えた〝ある特殊な心理〟です。この特殊な心理の扱いを間違えると、夫婦関係は一瞬にして険悪になり、破綻《はたん》に瀕《ひん》します。

不幸にも妻が、男性のこの特殊な心理を理解できないか、あるいは無視し続けるなら、その夫婦の葛藤《かっとう》は一生涯続き、また、子供（特に男児）の成長に支障が生じるかもしれません。

母親が強い家庭

一家の中で、母親が強すぎると家庭の秩序がゆがみ、子供の教育にも問題が生じるということはよく知られていますが、厳密に言えば、強い性格自体が悪いのではなく、その強さが男性の自尊心を破壊するときに問題が生じるようです。

「なぜ、夫がいらいらしたり、急に怒りだしたりするのか。理由が分からない」という妻の声をよく聞きますが、それは夫に対する不遜《ふそん》な態度や乱暴な言い方が、デリケートな男性の自尊心をひどく傷つけるからです。

不思議なことに、この「男のプライド」は、一見《いっけん》非常におとなしそうに見える男性にも、しっかりと眠っていて、女性が不用意な言葉を発すると、突如として爆発することもあります。

男のプライドを打ち砕くと……

「大して内容もないくせに、プライドだけはもっているのが気に食わない」と、自分の夫を「これでもか、これでもか」とこき下ろして、そのプライドを壊そうとする妻が時々います。そうやって、夫からいっさいのプライドを剥《は》ぎ取ってしまったとき、そこに何が残るのでしょうか。素直で優しい〝理想の夫〟が誕生するのでしょうか。答えは、正反対です。そこには、いつも不機嫌でどなり散らす男か、あるいは、働く意欲も家族に対する愛情すらも失った一人の〝廃人〟がいるだけです。

男のプライドとは何か

男の自尊心は、「堕落性」と混同されやすいものですが、単なる「虚栄心」や「わがまま」、「エゴ」等とは区別すべきものです。

神様は、男も女も全く同等の価値をもって創造されましたが、二人が夫婦として一体となるために、男性を主体、女性を対象として創造され、それぞれに〝男らしさ〟と〝女らしさ〟という特徴を与えました。

主体は、積極性、能動性、主管欲、責任感といった性質を強くもちます。そこから生ずる「主体としての気概《きがい》」が、男のプライドであると考えるとき、男のプライドは、神が賦与された貴い天稟《てんぴん》であると言ってもよいのではないでしょうか。

夫をやる気にさせる妻

男性には、自分の価値を認め、自分を必要とし、頼りとし、信じてくれる女性のためには、「すべてを捧げ、命を懸けて守ってあげたい」という性質があります。

「あなたを信じています」という言葉ほど、男を奮い立たせる言葉はないのです。

どんな事態に陥っても、「あなたを信じてる」「あなたなら、きっとできるわ」と励ましてくれる、そんな妻であるならば、最初は弱々しそうな男性でも、腹の底からやる気がわいてきて、頼もしく働き、かつ妻子には、限りなく優しい理想の男性に成長していくでしょう。

反対に、事あるごとに愚痴《ぐち》を並べ、夫をけなし、彼に対抗し続けていれば、夫婦にはけんかが絶えず、夫は常に怒りっぽくなり、やがては、やけっぱちになり、働く意欲や妻子への愛情さえも消滅させることになるでしょう。

実際、社会において、夫がアルコール中毒や、パチンコ、競輪、競馬などの依存症に陥ったり、あるいは別な女性に安らぎを求めたりといったケースも、よくよく調べてみれば、ここに端を発していることが多いのです。

男のプライドは「幸福《しあわせ》の卵」

「男のプライド」を正しく理解し、大切にして育ててあげれば、その男性は無限に、頼もしく、愛情深い立派な男性に成長し、妻や子供を最高の幸せにしてくれるのです。

逆に、男のプライドを堕落性と勘違いして、事あるごとにこき下ろし、屈辱を与え続けていけば、恨みと怒りを買うだけになり、その男性から愛情を受ける道は、永遠に閉ざされることになるでしょう。

つまり、「男のプライド」というものは、目の敵《かたき》にして破壊すべき〝怪獣《かいじゅう》の卵〟ではなく、大切に大切に育てるべき〝幸福《しあわせ》の卵〟なのです。

これは夫に対してだけではなく、子供の教育に対しても同様です。

「女の子は愛して育てよ」、「男の子は褒《ほ》めて育てよ」というのは理にかなったことです。

大母様《テモニム》のメッセージ

「私が清平《チョンピョン》で家庭の相談を受けてみると、婦人が強ければ強いほど、その家庭には大変問題が多いのに気づきました。夫の健康や出世に問題が生じ、子女たちも運勢が良くありません。その家庭が、女性の〝気〟に押さえつけられた結果、健康や経済面での困難に遭遇するのです。『めんどりが鳴けば家が滅びる』ということわざがありますが、絶対に女性の声が塀《へい》の外まで聞こえてはいけません。家の中で母が強くて、うまくいっている家庭はありません。婦人たちは『夫が弱いので、私が強くならざるを得なかったのです』とよく言いますが、それは間違いなのです。脱線した家庭を見ても、大部分は妻が強くて夫に侍《はべ》らないで無視した結果です」（二〇〇四年七月十三日、天宙清平修錬苑《えん》）

◆

皆さん女性たち、夫の前を通り過ぎるとき、王様の前を通るごとくに、一回でも歩いてみたことがあるでしょうか。皆さんは先生を愛しているでしょう。先生以上に夫のためにしてみましたか。皆さんが結婚したならば、先生を愛する以上に夫を愛さなければなりません。（『文鮮明先生御言選集』一一五巻、二〇六頁）

《ポイント！》
一、男性の自尊心は決して傷つけない。
二、「幸福《しあわせ》の卵」をうまく育てよう。
三、お互いに、丁寧《ていねい》な言葉で接しよう。
四、父親中心にまとまると家庭に平和が訪れる。

7 男と女の違い

男性と女性の脳の違い

「ゆうべ、私が頼んだでしょ！」

「僕は聞いていないよ」

「言ったわよ！」

「絶対、聞いていない！」

……と、こんな夫婦げんかになったことはありませんか。

このような夫婦間の行き違いも、度重《たびかさ》なると、互いに不信感や嫌悪感が高じてきて、二人の間に深刻な亀裂《きれつ》を生むことがあります。

この例でいえば、妻は夫に昨夜「確かに言った」のです。しかしまた、夫が「聞いた覚えがない」というのも、決してうそではないのです。ただ一つの悲劇は、妻が言ったのが「夫がテレビドラマを見ている最中」であったことです。

このような行き違いが起こるのは、男性と女性の脳の機能の違いにも原因があります。神様は男性と女性に違った能力を与えられたようです。

女性の脳の発話区域は、左脳だけでなく右脳にもあって、しかも、左脳と右脳を連結する脳梁《のうりょう》が男性より大きいので、同時に多くのことをこなすことができます。例えば、話しながら同時に聞くことができ、おしゃべりをしながらでもテレビを見たり、手仕事をしたりできるのです。

一方、男性の脳は専門化が進んでおり、語彙《ごい》領域は左脳に集中し、しかも、一つ一つが個室的になっています。したがって、男性は一つのことに集中し、それを直線的に深め追究していくことに優れた能力を発揮します。「〇〇の達人」という人には男性が多いのを見てもよく分かります。このことは裏を返せば、男性は「一度に一つのことしかできない」という特徴になります。

ですから、夫がテレビや新聞に熱中している時に、何かを頼んでも、それは、〃無効〃になりやすいので、奥さんは、夫や息子に何か頼む時には、必ず〃念押し〃をしましょう。

余暇の楽しみ方の違い

「たまには夫婦で余暇を楽しみたい」という思いは、夫にも妻にもあるものです。

ある時、夫が運転手を引き受けて、朝早くから家族で遠出をし、目的地に着いたら、めいっぱい動き回り、夜暗くなって家にたどり着きました。

「やれやれ、これだけ時間とお金と労力をかけてサービスしたんだから、妻もさぞ満足してくれただろう」

夫はそう思っていたのに、妻は家に着くや、何となく不満げに、「あーあ、くたびれた」の一言。夫は当然、がっかりします。

これも、男性と女性の違う面です。

男性は遠くに行って、スポーツをしたり、動き回ったりすることが好きで、その時に妻がそばにいてくれれば、それで楽しいのです。

しかし、女性はそれだけでは、決して満足できません。道中、車の中で夫が妻の話をじっくり聞いてくれたとか、現地で、子供は野原で遊ばせながら、夫婦は木陰でロマンチックな会話ができたとか、心が通じ合うような会話ができれば、妻は「きょうは、楽しかった！」となるのです。

女性は、買い物でも「お得な○○セット」が好きですが、夫婦の旅も「おしゃべりセット」でなければ満足できません。このことを男性は、よく知っておきましょう。

会話における違い

会話という点においても、男女は際立った違いがあります。男性は「用件があるから話す」のですが、女性は用件がなくてもよく話します。それは、自分の中にあるうれしかったこと、悔しかったことなどを「相手に共感してほしいから話す」のです。

したがって、男性の会話は、「自分の意見を相手に受け入れさせること」に主眼をおきますが、女性は、「相手とのいい関係を維持すること」に意識をおいています。

また、男性には「会話の内容」が問題なのですが、女性は「会話すること自体」に意味を見いだしています。専門家の話によれば、一般的に、男性が話す一日の平均単語使用量は、約二千語。一方、女性は約六千～八千語だというのです。つまり、女性は、一日に六千語のノルマをこなしていないと、〝夜、安らかに眠れない〟ということになります。

夫は昼間、仕事上の会話でもう二千語は使い果たしていますから、家に帰ったら話すのがおっくうになり、妻からみたら、〝むっつり屋〟に見えるでしょう。「もっとたくさん話をしたい、聞いてほしい！」という女性の不満が圧倒的に多いのは、こういう事情によります。ですから、家庭の平和のためには、夫は、「妻の話をよく聞いてあげる

こと」、妻は、「夫の沈黙を尊重してあげること」を心がけましょう。

男は視覚、女は聴覚

五感については全体的に、女性のほうが敏感だと言われますが、ここにも男女の特徴があります。男性は視覚から大きな影響を受け、女性は聴覚と触覚に特に敏感だと言われています。

男性は目からの刺激に大きな影響を受けるので、妻が、容姿、しぐさ、化粧、服装などに気を配り、いつまでもきれいで魅力的にしておくことは、夫婦の愛を醸成するうえでとても重要なことです。

一方、女性は耳と皮膚感覚に敏感ですから、夫は妻にかける言葉に注意を払い、優しい言葉やいたわりの言葉をかけてあげ、また時々、手をとったり、抱擁してあげたり、スキンシップで愛情表現をしてあげましょう。

「知っているつもり」は怖い

男性と女性の「生理的、心理的な違い」は、想像以上に大きいものです。特に、祝福家庭の夫婦の場合、二人が、極と極のタイプであったり、先祖が怨讐《おんしゅう》関係にあったりという場合もあるので、相手を理解することは容易ではありません。

ですから、夫婦間では、簡単に「もう相手のことは分かっている」と思い込まないで、お互いに自分の気持ちを相手に丁寧《ていねい》に伝え、よく話し合うことが大切です。

夫婦愛を育てていくためには、まず、〝男性と女性の違いをよく理解し、相手を尊重すること〟が不可欠です。

◆

男性と女性は相対的です。女性は柔《やわ》らかで、男性はごつごつしているので、ごつごつした者たちは、柔らかな女性を好みます。また、柔らかな娘たちは、ごつごつした男性

を好むのです。そのようになっているのです。（『祝福家庭と理想天国Ⅰ』八三三頁）

《ポイント！》
一、知っているつもりは失敗のもと。
二、男と女の違いをよく研究する。
三、妻の話をよく聞いてあげる。
四、お互いに相手を尊重する。

8 夫婦の財布

ある家庭での衝突

「きのうもけんかになってしまいました」と、その婦人は話し始めました。

彼女としては、今の収入では到底やっていけないので、そのことを言っただけなのに、夫が急に怒り出したというのです。

「うるさいね。こんな時こそ、妻が一生懸命働いて、支えるのが当たり前じゃないか！」

「私だって、いろいろと忙しいのよ！」

「いったい、何に、忙しいというんだ！」

「み旨もあるし、パートもあるし、家事も子供も見なくちゃいけないし、近所のつきあいだってあるのよ！　あなたのほうは、夜はテレビを見ているだけじゃないの！」

「気分転換するのが何が悪いんだ！　私の仕事がどれくらい大変なのか、君は分かっていないいんだ！」

「じゃあ、借金は、どうしたらいいの……」

このような口論になってしまい、二人とも口をきかなくなってしまいました。

事の始まりは、夫が職場をリストラされ、再就職したため、収入が半減したことが原因でした。夫は、土日も仕事に出て働いているのですが、収入が追いつかないのです。

妻もパートに出ているのですが、それでも収入は足りず、カードローンに頼ってしまったことが、さらに、事態を深刻にしてしまいました。

二人は、これからどうやって家計を立て直していこうかと、思案に暮れているのです。

国家破産と離婚

韓国では、この十年間に離婚件数が、三倍に激増しました。中でも、結婚二十年以上の熟年層の離婚と、自殺者が増えたのです。

その大きな原因の一つが、一九九七年の「ＩＭＦ事態（国家財政破綻《はたん》）」による企業倒産、大量失業に伴う家計の破綻であると言われています。

これは日本も同様で、もともと増加しつつあった離婚件数を、さらに加速させたのは、バブル崩壊後の不況、倒産、失業でした。日本でも同様に、熟年層の離婚が急増し、中年男性の自殺者が増えています。

財布の危機と夫婦の危機

原因が何であれ、一家が多額の借金を背負って呻吟《しんぎん》するとき、往々にして、夫婦の関係に亀裂《きれつ》が生じやすいものです。

たとえ、信仰をもっている夫婦でも、借金の返済に追われ続けると、心が憂鬱《ゆううつ》になります。

夫婦間に葛藤《かっとう》が生じ、相手に対する裁《さば》きの気持ちが起きて、ついつい愚痴《ぐち》をこぼし、恨み言を言い、批判的な態度になりがちです。そのことによって、お互いの気持ちを傷つけてしまい、険悪な関係を招いてしまうことになります。

このようなときには、妻としては特に、普段以上に、こまやかな〝情の配慮〟が必要です。間違っても、「あなたの働きが足りない！」というような非難を、夫に浴びせてはいけません。夫の自尊心が、深く傷つけられるからです。

男性は、自分の働きで妻子を養い得ていないときは、そのことを指摘される前から、心の中で悔しく思い、自分を責めているのです。

ですから、逆に、何とかしようと頑張っている夫を認めてあげることが大切です。

まず、夫婦で穏やかに話せる場をつくって、「お父さん、いつもご苦労さん、ありがとう」と慰労し、感謝の思いを伝えたあと、夫に我が家の家計の現状をありのままに報告し、話し合うのです。そのうえで、「お父さん、私ももっと頑張るわ。二人で頑張りましょう！」と言ってくれる妻であれば、夫はどんなにかうれしいことでしょう。彼は、そんな妻をいとおしく思い、「もっともっと頑張ろう！」という力がわいてきます。
また、夫としては、自分だけで問題を処理しようと考えず、妻の話もよく聞きましょう。

妻の努力に対しても理解を示し、「ありがとう、苦労をかけるね」と感謝の思いを表せば、妻も心が癒《いや》され、「夫をもっと支えたい！」という気持ちがわいてきます。

いずれにせよ、「夫婦の財布＝家計の問題」については、収入面についても、支出面についても、感情的にならず、時間をかけて二人でよく話し合うことが、一番大切なことだと思います。

ピンチはチャンス

私たちは、家計が破綻《はたん》に瀕《ひん》したときこそ、夫婦間に真の信頼や愛情があるかどうか、試されるのです。家計がピンチになったときに、その十字架を、夫にだけ、あるいは妻

給与

にだけ背負わせるということは、好ましくありません。それでは、家計の再建が成功しないばかりでなく、夫婦の信頼関係そのものが、根底から崩れてしまいかねません。

現在は難しい時代ですから、全国どこでも、経済的に大変な苦労をしている方々と出会います。そういう中で、家計再建に取り組む上で、何らかの仕事に成功している人は、その仕事を〝夫婦二人で協力してやっている家庭〟が多いということに気がつきました。

あるご夫婦は、「一時は大変な思いをしましたが、二人で頑張ったおかげで、家計を立て直すことができました。それにも増してうれしいのは、よく話し合い、苦労を分かち合ってきたことによって、以前よりもっと深い夫婦の絆《きずな》ができたことです」と言っておられました。このご夫婦にとっては、〝ピンチがチャンス〟になったのです。

裕《ゆたか》なる時も貧しき時も

今は、あすは何が起こるか分からない時代だと言われますが、そんな時代こそ、最後の砦《とりで》は、神様を中心とした「家族の絆」です。

そして、夫婦、親子、兄弟姉妹という家族の絆も、その核心は「夫婦の絆」であることは言うまでもありません。

たとえ、一時は、家族が別々に暮らすような生活を強いられるようなことがあっても、「夫婦の絆」さえしっかりしていれば、必ず、家族は戻ってきます。

まさに、「裕なる時も貧しき時も、変わらずに愛し合い、助け合う」のが天一国《てんいちこく》の主人、祝福家庭の夫婦の姿でしょう。

◆

妻は暮らせないといって悲しがらず、着られないといって、物足りなく思ってはなりません。夫は、着られないのを知らないのではありません。心中で済まなく思っているところに、深い愛が込められており、ダイヤより高価で貴い宝物が隠されています。

（『祝福家庭と理想天国I』一二四〇頁）

《ポイント！》

一、財布の健康は夫婦で管理。

二、家計のことはじっくり話し合う。

三、厳しい時こそ助け合おう。

四、ピンチはチャンスである。

9 相手を生かす言葉

家族がバラバラに

「いったいどうしたらいいんでしょうか……」。

その婦人は、思い詰めたような表情で相談に来ました。

「どうなさったんですか」

「もう、このままでは家族がバラバラになってしまいます」

と言うので事情を聞いてみました。三人の子供さんがおられて、長男は大学へ行くと同時に県外へ出て、夏休みも帰ってこない。次の長女は、高校を出て市内の会社に就職したが、「早くこの家を出たい」と言って、自分でアパート暮らしを始めた。たまに母親が訪ねていっても、ドアを半分開けて「何の用?」と言うだけで、部屋の中に入れてくれない。一番下の次男は中学生だが、最近は〝うつ症状〟が出てきて、学校を休むようになった。父親とも母親とも口をききたがらない。子供たちがみんな自分たちから、離れていくようで困惑しているようでした。私は夫婦関係に、課題があるのはすぐ分かりましたので、聞きました。

「ご主人とはうまく行っているんですか?」

「うまく行っているとは言えませんね。すぐ、口げんかになってしまうんですよ」

「どうしてですか?」

「私が何か言うと、夫はすぐ怒って、きつい言葉が返ってくるんです。そうすると私も頭にきて、また言い返すもんですから、結局、けんかです」

一方、ご主人に聞いてみると、やはり、困っているようでした。

「いや、私がもっと太っ腹になって、何を言われても、のみ込んで許せればいいのかもしれませんが、妻から命令口調で言われると、ついカッとなって、きつい言葉になってしまいます。そうすると、妻が、『あなたには愛情がない!』と言ってもっと怒るんで、結局、いつもけんかです。そんな調子ですから、イライラして、子供たちに対してもついしかってばかり……。これじゃ、子供たちが家から出ていきたがるのも、無理ありませんね」

言葉には力がある

このご家族の場合、夫も妻も子供たちもみんな心が傷ついてしまっています。長い間、家庭の中での言葉がとげとげしかったためでしょう。私たちが発する一つひとつの言葉は、実は想像以上に、恐ろしいほどの影響力をもっています。

人の心を癒《いや》し、喜びと勇気を与え、生きる力を与える言葉がある反面、その一言で、相手の心を深く傷つけ、怒りと恨みを招くような言葉もあります。

昔から〝言霊《ことだま》〟といわれ、言葉には、霊的な力があります。つまり、言葉には思念エネルギーが込められています。愛情に満ちた〝思い〟から発した言葉は、聞いた人の心を温かく包み幸せな気持ちにしてくれます。一方、怒りの〝思い〟から出た言葉は、聞いた人の心に、打撃と苦痛を与えます。

そのことは、我々が毎日の生活で体験しているはずなのですが、自分が優しい思いやりを欲しているのに、それが得られないので、人にもつい冷淡な言葉をかけてしまいやすいものです。

水は言葉に反応する

驚くことに、無機物と思われている〝水〟も、人間の言葉に明確に反応することが分かっています。I.H.M.総合研究所所長であり、『水は答えを知っている』の著者である、江本勝氏は、長い間の研究の結果、水が発する波動や、水が見せてくれる結晶の姿から、〝水が明らかに人間の言葉や文字に反応している〟ことをつきとめました。その水の結晶写真は、本や映像で公開され、世界中の人々に、驚きと感動を与えています。

都会の水道水はゆがんだ形にしか結晶せず、名水と言われる天然の水はきれいな結晶を結びます。さらに数多くの実験の結果、毎日「ありがとう」という言葉をかけた水の結晶は、形の整ったきれいな六角形の結晶を結びましたが、毎日「ばかやろう！」という言葉をかけた水の結晶は、まともな形も成せず無残に破壊されたような姿の結晶になりました。

音楽を聞かせてみると、名曲と言われるクラシックを聞いた水の結晶は、それぞれに、きれいな姿を現し、ヘビーメタルの騒々《そうぞう》しい曲を聞かせた水の結晶は、壊れたような姿になります。

これらは、音や声を聞かせた場合ですが、文字でも同様の結果でした。びんに、「愛・感謝」の文字を書いた紙を貼《は》り付けておいた水の結晶は、最高に高貴で美しい姿になりました。しかし、「むかつく、殺す」と書いた紙を貼っておいた水の結晶は、見る影もないいびつな姿でした。

無視されることの痛み

小学生が行った実験ですが、同じ御飯を入れた三つのびんを準備して、Aには、「ありがとう」の文字、Bには、「ばかやろう」の文字、Cには、白紙を貼《は》りつけて、さらに、毎日、学校から帰るたびに、Aには「ありがとう」、Bには「ばかやろう」と声をかけ、Cは無視しました。一カ月後、Aの御飯は発酵して黄色くなって麹《こうじ》のような香りになり、Bの御飯は、腐敗して真っ黒になりました。しかし、意外なことに、最初に腐敗したのは何もしないで放置しておいたCの御飯でした。

これを見ると、「ばかやろう」と言われることよりも、完全に無視されることが、もっと悲しいことなのだということを教えられている気がします。

動植物も反応する

植物実験でも、興味深い報告が多数あります。育てている花に向かって、毎日優しい声をかけるとよく育ち、きれいな花を咲かせます。ほとんど声をかけなかった花のほうは、かわいそうなくらい元気がありません。

花木に「モーツァルト」の音楽を聴かせると、きれいな花が咲くという実験もありましたし、野菜や草花にクラシック音楽を聴かせて、栽培効果を上げる農法もあります。

動物が我々の言葉や愛情に反応することは、もはや言うまでもありません。動物を大事に飼ったことがある方なら、だれでも経験するでしょう。牧場で「乳牛」にクラシック音楽を聴かせると、「お乳」の出がよくなったという話もあります。

私は植物だけでなく動物も好きで、小さいころから、各種の昆虫や、鳥や、魚を飼いました。犬のメリーは、家族全員の心をどんなに慰めてくれたことでしょう。最後には、猿を飼いましたが、その猿が私の母の懐に抱かれて息を引き取ったときは、家族はみんな泣きました。

人間の言葉には、水でさえも反応する。植物も動物も反応する。ましてや、万物の霊長たる人間の心が反応しないはずがありません。にもかかわらず、我々は、平気で人の心を傷つけるような言葉を毎日放《はな》っています。これからは人の心を癒《いや》し、喜びを与えることのできる言葉を選んで口にしたいものです。

驚くべき祈りの力

江口氏の行ったもう一つの興味深い実験があります。琵琶《びわ》湖に三百五十人の人が集まって、湖に向かって世界の平和と水への感謝の祈りを捧げました。祈りの前と後の湖水を汲《く》み取って結晶を観察すると、祈祷後の水は美しい結晶を見せました。コップに入れた水に対して、「ありがとう!」と感謝の祈りをしても、同様の結果が得られるそうです。

最近は電磁波の影響が心配されていますが、携帯電話やテレビやパソコンの側に置いた水や、電子レンジで温めた水の結晶は、電磁波の影響で無残に破壊されているそうです。塩素が入った都会の水道水も結晶が崩れています。

これらの水を飲むときには、「ありがとう！」と一声かけて、感謝の祈りを込めて飲むのがいいでしょう。なぜなら、いったん壊れた水も、人間の〝思念〟で優しい愛情を注ぐと、再び美しい結晶を取り戻すことが確認されています。こうしてみると、食前に感謝のお祈りをして、食事を頂くという習慣は、実に素晴らしいことだと言えます。

「言い方」も非常に大切

もう一つ、大事なことがあります。同じ実験で、びんに「～しなさい」という言葉を貼《は》り付けた水の結晶は、崩れた形にしかなりませんが、「～しようね」という言葉を貼り付けた水は、きれいな結晶になりました。「駄目だよ」という言葉と、「よくできたね」

という言葉でも同様の結果でした。これだけでも、子供に声をかけるときの貴重な教訓になります。

この実験でも明らかなように、「言葉」は、「どんな言葉を使うか」も問題ですが、それと同時に、「どんな言い方をするか」も、同じくらい重要であるということです。

言葉一つによって、人を生かすことも殺すこともできるのは、言葉の内容や、言い方に込められた〝思い〟の波動が相手の心に強く作用するからにほかなりません。

私たちは、夫や妻や子供たちに対して、穏やかな言い方で、安心を与え、優しい言い方で、慰労を与え、明るい言い方で、相手を楽しくさせてあげようではありませんか。

◆

今まで私たちはむやみに生き、言葉もむやみに使ってきました。しかし、今から、私たちの家庭にも規律を立てなければなりません。父母が腹が立つといって、自分勝手に棒を取ってたたいて、子女に、『こいつ、滅びてしまえ』と言うような、この世的な野卑な言葉を使ってはなりません。今、すべてが一新されなければなりません。神様を中心として、言葉から、態度から、生活から、一新された立場に立たなければならないのです。（『祝福家庭と理想天国Ⅰ』一三〇七頁）

《ポイント！》
一、家庭でも言葉遣いに気をつけよう。
二、人を生かす優しい言葉。
三、花にも木にも「ありがとう！」
四、お祈りで、御飯も水もニコニコ。

10 男らしさ　女らしさ

夫のため息、妻の嘆き

ある男性と話した時のことです。

彼は話の途中で、しばらく黙って空《くう》を見つめたあと、ポツリと「私は女性と結婚したかった……」と言って肩を落としました。

「妻は、私の前では薄化粧もしない。美容やプロポーションには無関心。日常の態度に優しさがない。そこまでは何とか我慢できるが、どうにも我慢ができないのは、言葉遣いが荒く、私に対していつも、要求か、詰問調で話すことです。そのたびに、私の感情は〝カチーン〟と金属音を立てて怒りに震え、ぐっと抑えようと努力はするが、結局は、けんかのようになってしまうんです。そんな日々が続くと、どうしようもない嫌悪感がわいてくるんです……」

実は、彼だけでなく、同様の悩みを吐露する男性が少なくありません。

一方、女性のほうの話を聞くと、夫に対して、こんな嘆きをよく聞きます。

「センスが悪い」

「細かいことにこだわる」

「ちょっとしたことで、すぐきれる」

「なんだか頼りない。もっとしっかりしてほしい」

もちろん、戦前のような「日本男児」「大和撫子《なでしこ》」といった極端な男女観や、男尊女卑の思想には賛成できませんが、少なくとも「男らしさ」「女らしさ」を失えば、夫婦は引かれ合う力が低下してしまうことは否定できません。

「らしさ」喪失の代償

第二次大戦後の男女平等と女性解放運動は、神の摂理でした。神様の前では、男女は全く同等の価値なのです。

しかし、フェミニズムの嵐が吹き荒れ、男女平等を突き抜けて、女性上位時代に突入すると、女性の言動は荒々しくなり、反面、男性がおとなしくなるという傾向が顕著に現れてきました。

そして、この現象が社会にもたらしたものは、夫婦関係の葛藤《かっとう》と離婚の激増であり、さらに、晩婚化、非婚化、少子化という深刻な問題です。つまり、男らしさ、女らしさが喪失されればされるほど、夫婦はうまくいかなくなったのです。

男らしさ、女らしさとは

神は人間を中性には創《つく》り給《たま》わず、男を男らしく、女を女らしく、創造されました。したがって、「男らしさ」「女らしさ」というものは、神から与えられた賜《たまもの》であると言えます。

私は、「男らしさ」とは、「女を幸せにできる要素」であり、「女らしさ」とは、「男を幸せにできる要素」であると感じています。

若い男女が共同で献身的生活をしていたころの日本の教会では、長い間、男女問題を防ぐため、「男らしさ」「女らしさ」を発散させることは厳しく戒められ、全員〝み旨の勇士〟として勇ましく指導されてきました。摂理の戦いを進め、男女問題を起こさないという点では、それなりの効果があったのですが、この「らしさ」を置き忘れたまま、祝福を受けて結婚生活に入ると、夫婦間に、思わぬ葛藤が生じるという副作用がありました。

女を幸せにする「男らしさ」

「男らしさ」を端的に言えば、「情熱」「強さ」「大きさ」と言えるでしょう。

女性が願う理想の男性は、「気は優しくて力持ち」です。仕事をこなせる「頼もしい夫」であると同時に、家族には「優しい父」です。

大母様《テモニム》は、「男性は愛の主体である」と言われ、「広い心をもって妻を受け入れ、自分が愛の主体であることを自覚して、いつも、妻や子女に愛情を注ぐべきである」と語られました。

男を幸せにする「女らしさ」

「女らしさ」を端的に言えば、「美しさ」「優しさ」「こまやかさ」と言えるのではないでしょうか。

男性が願う理想の女性は、「見目麗《みめうるわ》しく情《なさ》けあり」です。芯《しん》はしっかりしているが、言葉や態度は常に謙虚で、「優しい妻」であり、夫や子供に「安らぎをもたらす母」です。

大母様は、「女性は柔《やわ》らかくなければなりません」と言われ、「その柔らかさは、態度、物腰の柔らかさ、言葉遣いの柔らかさ、さらに、肌の柔らかさまで保つべきである」と語られました。まさに、至言です。男性を幸せにできる「女らしさ」とは、まさしく「柔らかさ」なのです。

◆

男性、女性が完全なプラスと完全なマイナスとなって、男性は女性に与えようとし、女性は男性に与えようとすれば、くるくると回ります。(『祝福家庭と理想天国Ⅰ』一二三五頁)

《ポイント!》

一、真の男らしさ、女らしさを磨こう。

二、夫は「大きい心」を身につけよう。

三、妻は「柔《やわ》らかさ」を身につけよう。

11 愛情表現

「愛されたい」という欲求

ある婦人から相談を受けました。

「自分としては、もっと感動的な結婚生活を願っているのに、なぜか、二人の間が情的にしっくりしない。夫は感情をほとんど表に現さないので、私をどう思っているのかよく分からない。この前、思いきってそのことを夫に言ったら、夫は顔を真っ赤にして『そんなこと、いちいち言わなくても分かっているだろう！ 私は、あなたや子供たちを思っているからこそ、働いているんだ！』としかられました。それでもやはり、私としてはすっきりしません。愛されているという実感がありません」

こんな悩みでした。全く同じような悩みを、逆に、夫のほうから聞くこともあります。

人間の精神的欲求の中で最も強いのが、「愛されたい」という欲求です。この欲求が満たされれば「幸せ」と感じ、満たされないときには「不幸だ」と感じるのです。ならば、お互いに愛情をもっていればいいじゃないか、ということになりますが、実際には、愛情をもっていても、それをはっきりと表現していなければ、相手から見ればないのと同じなのです。

愛の〝表面化〟

日本人は愛情を言葉や態度にはっきり表すことが、非常に苦手《にがて》だと言われます。「愛というものは、いちいち口に出して言うものではない」という考え方がまだ根強くあります。確かに、「以心伝心《いしんでんしん》」とか「愛は寡黙《かもく》なほど、激しく美しい」というような情緒的な東洋の美観もあり、また、「最も深い愛は、見えない愛だ」とも言われています。

しかし、夫婦の間においては、やはり、はっきりと言葉や態度に表して愛情表現をしたほうが良いようです。お互いに完全に心が通じ合い、愛情が確信に至っている段階では、「以心伝心」でもよいでしょうが、そのような関係がまだ築かれていないのに「寡黙」であっては、夫婦の愛は、百年たっても燃え上がらないでしょう。「愛の表面化をしなさい」というみ言《ことば》があります。愛情は「もっているだけ」では駄目で、「はっきりと表現しなさい」ということです。

愛情表現の方法

愛情表現の手段には、三つあります。「言葉」「態度」「文章」です。

①言葉で表現する

○毎日、真心を込めて挨拶《あいさつ》をすることは、愛情表現の第一歩です。

「おはよう」

「いってらっしゃい」

「お帰りなさい」
「お休みなさい」

○夫が妻に、優しい言葉をかけてあげると、妻は、夫の愛情を感じてとてもうれしいのです。

「遅くまでご苦労さん」
「家事と育児は大変だね」
「これはすごくおいしいよ」
「ありがとう」
「その服とてもよく似合うよ」

○妻が夫に、感謝と尊敬のこもった言葉をかければ、夫は疲れも嫌《いや》なことも吹き飛んで妻を愛したくなります。

「気をつけて、早く帰ってきてね」
「お疲れさま、お茶を入れましょうか」

「ありがとう、助かるわ」

「おとうさんって、すごい！」

「パパ、だーい好き！」

②態度で表現する

〔夫は〕妻の荷物を持ってあげる。家の修理や整頓《せいとん》、皿洗いやごみ出しを手伝う。プレゼントを贈る。子供の世話をしたり一緒に遊んだりする。妻の手を取ってあげる。肩もみやマッサージをする。抱擁する。キスをする。

〔妻は〕夫の見送りと出迎えをする。身の回りの世話をする。好きな食べ物を作ってあげる。夫の腕を取って歩く。そっと寄り添う。肩もみやマッサージをする。背中を流す。夫の安らげる居場所をつくってあげる。

③文章で伝える

言葉で言うのも、態度に表すのも恥ずかしいという場合は、手紙やメモ書きにして、さりげなく渡すのがいいでしょう。たとえ、たった一行でもこんな言葉が書かれていれ

ば、どんなにうれしいでしょうか。

〔夫から〕

「君と結婚して良かった。僕は幸せだ」

「君には、いつも感謝している」

「ここまでやって来られたのも、君のおかげだ」

「口では言えなかったが、愛している」

「一生、大事にするよ」

〔妻から〕

「あなたをいつも信じています」

「心から頼りにしています」

「あなたを尊敬しています」

「いつも感謝しています」

「あなたのおかげで、とっても幸せです」

夫婦愛は最高の芸術

「人生は芸術である」と言われます。絵画や音楽を鑑賞しているから人生が芸術だ、というのではありません。

夫婦が互いに愛情表現の達人になるとき、初めて「結婚生活は芸術」になり、そのような夫婦は、周《まわ》りの人たちから見ても限りなく美しく、親なる神様から見ても最高の喜びの対象となる「芸術作品」になっているでしょう。

◆

ここに集まった男性たちは、自分の妻を愛するにおいて、この世のどのような男性が自分の妻を愛するよりも愛さなければなりません。女性たちも自分の夫を愛するにおいて、この世のどのような女性が夫を愛するよりも愛さなければなりません。それが祝福家庭を成した夫婦が守るべき倫理なのです。(『祝福家庭と理想天国I』一三一六頁)

《ポイント！》

一、思っているだけでは愛情は伝わらない。
二、言葉と態度で、はっきり表現しよう。
三、愛情表現の達人になろう。
四、愛は、結婚生活を芸術にする。

12 夫婦の「愛」と「性」

夫の悩み、妻の不満

「最近、夫婦の仲がうまくいかず、家に帰っても安らぎがありません」
よく聞いてみると、妻に対して一種の恨みにも似た感情があるようです。聞いている
うちに、ピンと来るものがあり、尋ねてみました。
「お二人の性生活は、うまくいっていますか？」
「実は、それが悩みです。私の妻はセックス嫌いなのか、何かにつけて断るし、応じて
くれても仕方なしに……という感じなんです。私としては、満足には程遠く、ストレス
がたまる一方です。私が嫌いなのかもしれませんが……」
と、複雑な表情です。

一方、奥さんに聞くと、ご主人とは違った意味で、不満があるようです。

「彼が嫌いというわけじゃありません。なんだか体ばかり求められているようで嫌《いや》なんです。精神的な愛情を感じないので、つい断ってしまいます。時には、私を利用しているだけなのかと感じることさえあります」

お互いに、かなりの溝ができてしまっているようでした。

「愛」と「性」

個人差はありますが、一般的に、男性は女性よりも性欲が強く、まず、体で愛し合って満足し、そのあとに、自分を受け入れてくれた妻に対する愛情がジーンとわいてくるという感じです。しかし、女性はいきなり体を求めてくる夫の行動に対して、抵抗を感じます。夫の精神的愛情を感じないと、性欲自体がわいてこないのです。

つまり、夫も妻も、「愛と性」は求めていますが、男性は「性から愛へ」、女性は「愛から性へ」という傾向があります。

この微妙な違いが、時として、二人の間に深刻な誤解を生み出します。

悲劇の悪循環

仕事で疲れて家に帰ってきた夫は、安らぎとストレスの解消を期待します。その両方が満たされる最高の方法が、妻と抱き合い、愛を確認し合うことなのです。そこで、妻にサインを送ります。

ところが、妻は心に余裕がないと、そっけなく断ります。拒否された夫は、「私を愛していない」と感じて急速に情が冷め、ストレスでいらだち、怒りっぽくなります。そうなると妻は、なおさら夫の愛情を感じられないので、さらにかたくなになって拒否します。そうすると、夫はもっと荒れる……。

こんな悪循環に陥り、「夫には全く愛がない」「妻は私を愛していない」という誤解と不信感が高じて、夫婦関係が破綻《はたん》に至ることがあります。

男と女の性欲の違い

このような悲劇は、お互いが「男性と女性の性欲の違い」を理解していないところから起こります。

一般的に、男性の性欲は「常に備わっているもの」で、スイッチを仕事モードから、愛情モードに切り替えれば、いつでも性生活オーケーと言えます。

しかし、女性の性欲は、常に備わっているものではなく、「誘発され、開発されていくもの」のようです。

仕事、家事、育児に追われている時、妻は全く性欲はない状態と言ってもいいでしょう。妻に性欲がわいてくるのは、仕事、家事、育児から解放され、心にゆとりが持てる時であり、また、夫から精神的愛情を感じた時なのです。

性生活が円満にいく秘訣《ひけつ》

夫は、妻が拒否しても、すぐに「私を愛していない」とか、「彼女はセックス嫌いなんだ」と思い込まないことです。妻の家事・育児の手助けをして、心にゆとりをもたせてあげる配慮をし、いたわりの言葉や、優しい態度などで、愛情を表現する努力をして、その後に、妻に〝愛のサイン〟を送るのがよさそうです。

また、妻は、夫が突然愛の行為を求めてきても、すぐに「体ばかり求める」とか、「愛情もないくせに」と誤解しないことです。夫が願うときには、できる限り応じてあげて、欲求を満足させてあげることが賢明です。さらに、もう一歩進んで、妻自身が「自分も共に楽しもう」という積極的姿勢で臨めば、二人で最高の感動を共有することができるでしょう。

◆

男女が結婚して互いに愛し合うことは、本来恥ずかしがることでもありません。これは最も尊厳なことであり、神聖で美しいことなのです。(『祝福家庭と理想天国Ⅰ』一一一三頁)

《ポイント!》

一、夫はまず「愛」を示してサインを送ろう。
二、妻はまず夫の「性」を受け入れよう。
三、二人で最高の感動を探求しよう。

13 豊かな性生活

性生活における夫婦の不満

Aさん夫婦

夫「愛のサインを送っても、断られることが多くて、不愉快だ」

妻「はっきり言ってくれないので、気がつかないこともあるし、断ったら断ったで、不機嫌になって怒るので、とってもつきあいにくい」

Bさん夫婦

夫「妻は、義務的に応じているという感じなので、本当の満足を感じません」

妻「夫は自分だけ終わって、すぐ寝てしまうので、不満が残ります」

精神的に非常に仲のいい夫婦は、性生活も順調なようです。また同時に、性生活が円満にいっている夫婦はとても仲が良く、性生活がギクシャクしている夫婦は夫婦仲も悪いということが言えそうです。そういう点からして、性生活は、結婚生活においては、非常に重要なウェイトを占めていると言えます。

性生活についての、夫と妻の不満は、大きく二つに分けられます。一つは、入り口でのトラブル。もう一つは、中身でのトラブルです。入り口でのトラブルというのは、「今晩仲良くしよう!」という愛のサインをめぐるトラブル。中身でのトラブルとは、夫または妻(あるいは双方)の〝性行為での満足が得られない〟という不満です。この項では、そのポイントをお話ししたいと思います。

愛のサインの送り方と断り方

最初に、夫も妻も納得のいく、愛のサインについての基本的マナーと秘訣《ひけつ》をお話ししようと思います。以下の点に留意してやってみてください。きっと、トラブルが解消できると思います。

A. サインの送り方（夫のマナー）

①家事を手伝ったりして、妻が精神的にゆとりがもてるようにする。

②サインを送る前に、優しい言葉や態度を示し精神的愛情を妻に伝える。

③サインは率直に、優しく伝える。できれば、ユーモアのある言い方がいい。

B. サインの断り方（妻のマナー）

もし、きょうは応じられないというのであれば、

①丁寧《ていねい》に断ること。

②理由（事情）をはっきり言って断ること。

③希望を残して断ること。（代案を提示すること）

（例1）「私もあなたと愛し合いたいんだけど、きょうは体調が悪いので、あすはどうかしら……」

（例2）「残念だけど、あさってまでは仕事が忙しいの。土曜日の夜はどう？」

このように、代案を提示してくれれば、「そうか、きょうは都合が悪いのか。じゃあ、あさってに期待しよう」と、夫は素直に受け止めることができます。少なくとも「妻はセックス嫌いの変人だ」とか、「妻は私を嫌っている」といった誤解や疑念を生まずに済みます。

二人が満足できる性生活

次に、夫婦二人が共に満足できる性生活を送る秘訣《ひけつ》を、ワンポイントだけお話しします。

夫婦生活を登山に例えて見ましょう。まず、基礎知識ですが、男性は短時間で頂上に登り、頂上に着いたら眠くなってすぐ下山してしまいます。しかし、女性は頂上を極めるのにかなり長時間を要します。また、頂上に着いたらしばらくいい眺めに浸って、ゆっくり下山します。ここが、根本的に、男性と女性では違います。

実は、夫だけが頂上に登って、妻は登れないまま下山するというご夫婦の場合、その原因のほとんどは、〝前戯の不足〟です。したがって、夫も妻も共にオーガズムを経験できる方法は、次のとおりです。

①夫は十分な時間をかけて妻に愛撫《あいぶ》を与え、いったん、前戯だけで妻を頂上に連れて行き、妻が頂上の感動の余韻に浸っているうちに、夫も一気に頂上に駆け上る。
――これは、最も確実な方法です。

②もう一つの方法は、同じく十分な時間をかけて愛撫を与え、妻が九合目あたりにさしかかったとき、夫に合図を送って、そこから二人で一緒に頂上を極める。
――これは、より高度になりますが、二人がほぼ同時に、頂上の感動を極めることができる方法です。

霊界での夫婦の愛

李相軒《イサンホン》先生は霊界の天国での夫婦の愛し方について、次のように啓示で教えてくださいました。

「互いに愛で一つになるから、夫婦の姿は、夫婦生活それ自体が、神様の前に無限の愛の実体の姿として現れます。正に、喜びを捧げる場面です。花の中で、大きくうねる波の上で、青い芝生の上で、鳥たちがさえずる山の中で、森の中で、愛するとき、周囲にいるすべての万物たちが、踊り踊って受け答え、神様の美しい燦爛《さんらん》たる光に包まれるという場面は、肉身を身につけている私たちの常識としては、到底理解ができないことです。ところが、一つになれない夫婦は、やはり霊界でも寝室でだけ愛するというのです。一方が完成できなかったり、欠陥があれば、その一方が完成するまで待たなければならないが、その時間は言い表せないほど長い時間であり、約束することができないのです」

(『霊界の実相と地上生活』より)

地上での愛の完成を

私たちの肉身を中心とした地上の人生は、霊界での永遠の人生のための準備期間であることは、だれでも知っています。そのような観点から見るとき、夫婦の愛を完成せずしては、天国に行くことができません。その夫婦の愛情交流の究極の形が、愛の性生活であることを知るとき、私たちが考えている以上に、夫婦の性生活というものは、貴く重要なものであるということを感じます。たとえ現在、夫婦がどんなに難しい関係になっていたとしても、私たちは命のある限り、反省、研究、努力をして、何度でも出直し、やり直しをして、理想の夫婦愛と家庭の完成を目指していきたいものです。

◆

天国生活はどこから始まるでしょうか。家庭からです。ほかの所から始まるものではありません。天国は家庭を立体的に拡大させただけであり、家庭圏を外れたものではないというのです。それゆえ、皆さんが自分の妻や夫を抱くときに、これは世界の男性と女性が一つになるのだという考えをもたなければなりません。このように世界人類を愛したという条件を立てることができる場が、まさにこの家庭です。(『祝福家庭と理想天国I』一二八八頁)

《ポイント!》
一、夫はサインの前にまず愛を。
二、妻の断りは代案を示して。
三、夫婦で共に感動を極めよう。
四、天国生活は夫婦愛の完成から。

14 「鏡」としての相対者

相手に問題がある?

「祝福の価値は分かっているつもりなんですが、どうしても相対者を愛せません。なぜか分かりませんが、とにかく好きになれません。心の中から、〝許せない〟というような思いがわいてくるのです。もう今では、彼の一挙手一投足が気に入りません。こんな合わない者同士が一緒に暮らしていっても、いつか、愛し合える日が来るんでしょうか」

その婦人は、思い詰めたような、そして、闘い疲れたような表情で、話してきました。

皆さんは、このような悩みをもったことはないでしょうか。男性にも、女性にもあり得ることです。こんな時、「自分が問題だ。すべては自分の責任だ」と本気で考えられる人がいれば、その方は、実に高邁《こうまい》な信仰の持ち主と言えるでしょう。

しかし、普段の我々は、なかなかそのようには考えられません。夫婦がうまくいかなかった時、私たちはどうしても〝相手に問題がある〟と考えがちです。相手の言葉や態度によって、自分が傷つくからです。当然、自分が不愉快になるので、反撃的に相手に言い返します。そうすると、相手はもっと傷つくようなことを言ってきます。こうして、非難の応酬が繰り返されれば、二人の関係は、冷え込んでしまいます。

絶体絶命の窮地《きゅうち》

私たちは、「どう見ても自分のほうが被害者だ。相手が一言でも謝らなければ許せない」と感じています。ところが、実は、相手も全く同様に「こんなに傷ついている自分が被害者だ。相手が謝ってくるまでは、許せない」と思っています。お互いに、「自分のほうから謝るなんて、到底できない」という気持ちですから、意地の張り合いはずっと続きます。

世の夫婦であれば、さっさと〝離婚〟という手段もありますが、神様の前に永遠の愛を誓った者としては、そのことは考えられません。まさしく、〝前は紅海、後ろはパロの軍勢〟、絶体絶命の窮地《きゅうち》に立つ心境です。結局、相手を恨み、呪《のろ》いながら、それを押し殺して暮らすか、あるいは、摂理や仕事に熱中して嫌《いや》なことを忘れようとするか、いずれにしても、本質的には解決になりません。

相手に映った自分の姿

実は、夫婦は、お互いが鏡なのです。目の前にいる妻は、夫のすべてを映し出す鏡であり、妻にとっては、夫は自分の姿を詳細に映し出す鏡なのです。そして、子供は親のすべてを映し出す鏡なのです。もちろん、同様に考えれば、隣人も、友人もすべて自分の長所、短所を反映させてくれる鏡です。ただし、同じ鏡でも、その鮮明度は相当違います。夫婦や親子の鏡は、驚くほど精密で、寸分の違いもなく、自分のすべてを反映し

14

「鏡」としての相対者

て見せてくれる恐ろしいほど正確な鏡です。

別な例えで言えば、〝やまびこ〟です。もし、向こうの山から「ヤッホー」と声が来たら、それは、自分のほうから「ヤッホー」と叫んだからです。でも、自然のやまびことちょっと違うのは、夫婦間のやまびこには〝増幅装置〟がついているらしく、こちらが、「アッホー」と言うと、向こうからは「ドアッホー」と返ってくるし、「ばかやろう」と叫ぶと、「大ばかやろう」と返ってきます。

相対者は人格完成の教師

つまり、相手の反応は、自分の発した言葉や態度の反映であると考えて、自分のほうから、思いやりのある言葉や態度を取るようにすることが、唯一の問題解決の方法であるということです。

このように考えると、自分の中にいっさいの堕落性がなくなるまで、相対者は、自分に拒否反応を見せ続けてくれるでしょう。そういう意味では、相対者は、自分にとって人格完成のための最高のバロメーターであり、教師であるといえます。

そう思えば、なんだか、今まで鬼のように見えていた相対者が、自分の成長のために与えられた、有り難い存在に見えてきます。

◆

夫が愛する妻に、親しくもの柔《やわ》らかく『お前』と呼べば、親しくもの柔らかく『何ですか』と返答します。けれども、無愛想にして呼べば、同じように『何よ』と返答するのです。山びこと同じように、すべて相対的だというのです。(『祝福家庭と理想天国Ⅰ』一二〇九頁)

怨讐《おんしゅう》だといってみんな悪いのではない。怨讐の立場から愛に回ってくるときには、かえって鑑《かがみ》になることがあり、学べる道がある。(同二八〇頁)

《ポイント！》

一、相対者は自分の鏡。

二、相対者は、人格完成の教師。

三、自分が変われば、相手が変わる。

四、愛のやまびこを送ろう。

15 一緒に泣いて、笑って

一緒に泣いたことありますか?

ある婦人からこんな悩みを聞きました。

「結婚以来、夫は、仕事はまじめだし、休日には家族のために時間も割いてくれます。私も家事や子供の教育を熱心にやってきたほうだと思います。一時期、私の信仰のことで、二人の関係が厳しくなったことはありますが、今はそれも越えて、私の活動に協力してくれています。特に問題はない家庭だと思うし、どちらかと言えば、うまくいっているほうの夫婦だと思うのですが、何かしら、物足りないんです。夫と本当の深い絆《きずな》を結べないというか……、情的な一体感がないんです……」

その婦人と話をしました。

「日ごろ、ご夫婦でよく話をしますか?」

「けっこう、話はしているほうだと思います」

「今までの生活の中で、二人で一緒に、泣いたことはありますか?」

「……いいえ、思い当たりません」

「では、二人で一緒に、はらわたがよじれるほど笑ったことはありますか?」

「うーん……、ありませんね」

日常的な触れ合いはあるのだが、情的に深い関係が結べないという場合、大概は、夫婦で一緒に腹の底から笑ったり、泣いたりしたことが少ないようです。

笑いの効用

「笑いと感動が、遺伝子をオンにする」という話を聞いたことがあると思います。

先日、遺伝子工学で著名な筑波大学名誉教授の村上和雄氏の講演とシンポジウムに参加してきました。次のような話でした。

「人間の六十兆個の細胞の一つ一つにある遺伝子が、一秒も休まず、日夜働いているおかげで、我々人間は生きている。細胞一個の核に含まれる遺伝子の基本情報量は三十億ある。しかし、働いている遺伝子は、全体の五パーセントにすぎず、眠っている遺伝子のほうがはるかに多い。遺伝子には、スイッチがオンのものと、オフになっているものがある。だから、できるだけ良い遺伝子をオンにし、悪い遺伝子をオフにすることが大切である。そうすれば、才能を覚醒《かくせい》し、健康で、人生を楽しく生きることができる。では、どのようにして、良い遺伝子をオンにすることができるのか？　〝笑いと感動〟が、良い遺伝子をオンにする」

確かに、強烈なストレス（心の葛藤《かっとう》）は、人間の免疫力を著しく低下させ、ガン等の発病につながるということは、よく知られています。

心の状態を、明るい爽《さわ》やかな状態にすることで、病気になりにくい状態を保てるというのです。

無感覚の子供たち

教育現場にいる人たちは、「最近は、情緒が安定していない子供たちが増えている」と言います。感情が乏しく無表情だったり、逆に、すぐにかんしゃくを起こして逆上したりします。つまり、情が成長していないのです。

日常生活の中で、喜怒哀楽の感情が豊かに生じてこそ、生きているという実感がもてます。怒ったり、笑ったり、うれしかったり、悲しかったり、感動で涙を流したり……、そういうことが、私たちの心情を豊かに成長させてくれるのです。

一緒に笑う

皆さんの家庭では、こんな経験はありませんか？

何かの拍子に、だれかがポロッと言ったひと言で、次の瞬間、一斉に吹き出して、椅《い》子《す》から転げ落ちるほど笑ってしまう。やっとのことで抑えたが、顔を見合わせた瞬間、また、「ククッ」と笑いが込み上げてきて、結局、おなかがよじれて痛いほど笑ってしまう。

しかし、なぜかそのあと、不思議な爽快《そうかい》感を感じるものです。夫婦や親子の間で情が通ったような気持ちを味わいます。

喜怒哀楽を顔の表情で豊かに表すことができるのは、人間だけです。動物の顔には表《ひょう》情筋《じょうきん》がありませんから、犬もうれしい時はしっぽを振ります。

〝笑うこと〟は、実に素晴らしい人間の特権、神様からの賜《たまもの》なのです。

一緒に泣く

愛する人が亡くなった時、一緒に泣く。自分を犠牲にして人を救った人のニュースを聞いて胸を打たれる。愛情深かった親を思い出して涙を流す。子供のけなげさに触れて泣く。マラソンで自己の限界を超えて走り抜いた選手に胸を熱くする……。

毎日の生活の中で、感動は無数にあります。

私の場合、テレビを見ても、本を読んでも、音楽を聴いても、よく涙を流します。涙を流したあとは、不思議に、爽《さわ》やかな気持ちに包まれるのはなぜでしょうか。

いずれにせよ、私たちは、もっともっと思いっきり、泣いたり、笑ったりしても、いいのではないでしょうか。

特に、夫婦で、親子で、心の底から一緒に笑ったり、泣いたりすることは、大切なことではないかと思います。

感動を共有する

一緒に泣いた友達、一緒に笑った家族……。そんな思い出は、一生涯、忘れられない

ものです。その瞬間は、完全に情が一つになっている瞬間なのです。そんな感動体験の積み重ねによって、深い心の絆《きずな》が生まれます。

親子で大自然の感動に触れましょう。

夫婦でテレビを見て、一緒に笑い、一緒に泣きましょう。また、夫婦水入らずの時間をもって、感じたことを話し合うことができれば、もっと素晴らしいことです。

一生涯、親なる神様と喜怒哀楽を共にして来られたのが、天地人真の父母様です。その真の父母様を慕いながらみ旨の道を歩む者として、真の父母様と共に生き、共に泣き、共に笑うことができれば、永遠の世界に行ったとき、神様と真の父母様の近くに侍《はべ》ることができるに違いありません。

◆

神様が最高に喜ぶメロディーが何かといえば、男性と女性が互いに喜ぶ永遠なる夫婦の笑い声なのです。そのような夫婦が世の中を理解して抱くことができ、宇宙全体を受容できる心で生を営むとき、笑いは自然発生的となります。そのような男女の美しい姿

が、神様の前に一輪の花でなくて何でしょうか。(『祝福家庭と理想天国Ⅰ』一二二〇頁)

《ポイント!》
一、夫婦で、思いっきり泣こう。
二、親子で、思いっきり笑おう。
三、感動を共有する家族になろう。
四、笑いと感動で、スイッチ・オン。

16 永遠の夫婦愛

一見平穏《いっけんへいおん》な家庭

A子さん「うちの家庭は、周《まわ》りからはいい夫婦だと言われるんですけど、夫は頑固で絶対に自分の思いどおりにしないと気が済まないタイプなので、私は逆らわず、じっと忍耐しているだけですよ」

B夫さん「うちは、全く逆ですよ。うちの奥さんは家のことは全部取り仕切らないと気が済まない性格なので、私の考えを出せばけんかになる。だから、我が家の平安は私のひたすらな忍耐によって成立しているようなもんですよ」

夫婦げんかのない家庭は、一見、うまくいっているように見える夫婦ですが、しかし、実際は、夫か妻か、いずれかの一方的忍耐によって保たれている家庭であることがあります。争いがなく平穏を保っているという点では、とてもいいことですが、これは、本当の意味での仲のいい理想の夫婦とは言いきれません。どちらか一方の犠牲の上に成り立っている平和であるからです。また、たとえ安定しているとは言っても、いつも一方が上で、一方が下というのでは、いつかは飽きがきてしまいます。

宇宙の秩序と家庭の秩序

神様は、被造世界を主体と対象のペアシステムとされ、人間を男と女に創造されました。宇宙では、太陽（恒星）の周りを地球（惑星）が回り、地球の周りを月（衛星）が回るという法則によって、太陽系の永続性と安定性が保たれています。同じく、人間の社会も中心主管の法則で正しい秩序が保たれ、平和を享受することができます。

人間社会の最も基本的な組織である〝家庭〟も、父親を中心に母親が回り、その母

親を中心に子供たちが回っている——という形が最も自然で安定したものになることは言うまでもありません。これが、家庭の基本的構造です。

アダムとエバが兄と妹の関係であったことを考慮すれば、夫婦関係は兄と妹のような心情的関係が根本的土台になるということが分かります。実際の人類歴史を見ても、ほとんどの民族では、結婚時の夫婦の年齢は、男性が少し年上というのが一般的です。仮に、年齢が逆であっても、心情的には兄と妹のような心情で暮らすことが夫婦関係がうまくいく秘訣《ひけつ》だったようです。

理想的な夫婦のあり方

しかしながら、夫婦や親子というものは〝愛情の関係〟で成されるものですから、いつ、いかなる時も夫が主体で妻が対象、親が主体で子供が対象というのではありません。「主体と対象が合性一体化すれば、美にも愛が、愛にも美が内包されるようになる。なぜかといえば、主体と対象とが互いに回転して一体となれば、主体も対象の立場に、対象も主体の立場に立つことができるからである」（『原理講論』七二頁）とあるとおり、夫と妻は基本的には主体と対象として存在しますが、愛と美の授受作用が始まると、愛にも美が、美にも愛が内包され、両者は渾然《こつぜん》一体となって、主体と対象は愛を中心に自由自在に変化できるというのです。

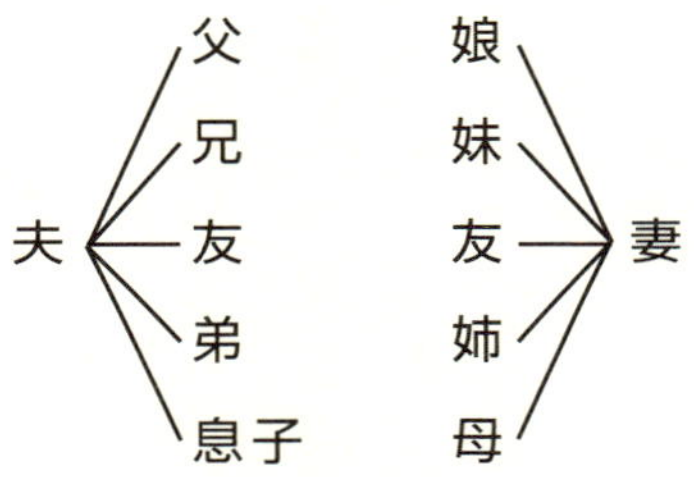

したがって、夫婦の基本は兄と妹、あるいは友人のような関係ですが、夫婦が愛を中心として授受して一体となり、互いが完全な信頼と思慕の念に満たされるとき、夫婦は、ある時は姉と弟のように、ある時は父と娘のように、ある時は母と息子のように、時と場所によって、自由自在に仲良く暮らすことができるのです。こんな夫婦になれれば、私たちはたとえ永遠に一緒に暮らしても、常に新鮮で楽しく、飽きることがないでしょう。ここに、究極の理想の夫婦の姿が見えてきます。

霊界での理想家庭の姿

「夫婦が愛するときは、完全に一体となり、主体と対象という区別がありません。完全に一つの体を成すようになるのです。その上に神様の愛が覆ってしまうので、我々の目に確認されるものは、ただきらびやかな光の光彩《こうさい》だけです。……夫婦が愛すれば、一体となるように、子女の愛も完全一体になってしまうのです。つまり、子女と父母が完全に愛で一つになります。明らかに、父、母、子女の三人ですが、愛で一つになる時は、三人の姿が個体として見えないのです」(李相軒《イサンホン》『霊界の実相と地上生活』より)

まだ、肉身をもってこの地上に生きている私たちには、想像を超える世界ですが、生涯を懸けて、このような理想の家族になれるように励みたいものです。

◆

夫婦が神様を愛し、人類を愛する心の基盤の上で、爆発するように互いに愛し合うならば、その家庭によって神様が酔い、宇宙が酔うことができるようになるのです。(『祝福家庭と理想天国Ⅰ』一二〇七頁)

《ポイント！》

一、二人が共に納得できる家庭を築こう。

二、神様が喜ばれる夫婦の愛を見せよう。

三、永遠に一緒に居たい夫婦になろう。

四、霊界で合格できる家庭をつくろう。

おわりに

人類の平和的統一のために

二〇〇五年九月十二日、真の父母様は、ニューヨーク市のリンカーン・センターで「天宙平和連合」創設大会を挙行され、以後、全世界百二十カ都市を巡回されて天宙平和連合創設記念講演会を開催されました。貧困、戦争、災害、飢餓等、難問を抱え苦悩する世界に、一日も早い平和的統一をもたらすための摂理でした。その具体策として、国連の改革、ベーリング海峡の橋とトンネル建設の提唱、そして、全人類の和合のための国際交叉《こうさ》結婚の必要性を説かれました。

世界巡回終了後、直ちに、十二月二十七日、韓国において、南北統一のための五万人大会が開催され、南と北の出身者、慶尚道《キョンサンド》と全羅道《チョルラド》の出身者、日本の朝鮮総連と民団の人々を招集され、それぞれが歴史的怨讐《おんしゅう》を超えて、一つになる道を示されました。

さらに、十二月二十九日、清平《チョンピョン》において、世界平和国際合同交叉祝福式を挙行され、世界中で、千百四十七組のカップルが祝福を受けました。

この三つの行事の中に、真の父母様の明確な思想が貫かれていることを知りました。つまり、世界の平和的統一のためには、国境というものを超えなければなりません。最も近い隣国同士は、侵略し侵略されてきた歴史をもつがゆえに、怨恨《えんこん》と不信をぬぐいきれず、心底からの和合ができないのです。国と国、民族と民族、部族と部族に越え難い壁があり、さらに、宗教・人種・文化の壁があります。これらすべてを越えていくのはたった一つ、〝交叉結婚〟しかありません。

神様の願いである人類一家族世界の実現は、この交叉祝福結婚を全世界に普及する以外に、方法がありません。そういう意味で、今回の祝福式においては、父母様は、交叉《こうさ》祝福結婚のみということを強調されました。そして、各国の祝福希望者の男女比や年齢層の事情で、結果的には韓韓、日日のカップルも祝福してくださいましたが、「君たちも、交叉祝福だよ」とおっしゃいました。私は当初、同じ国同士なのに、どうして交叉祝福なのだろうと不思議に思いましたが、あとになって、その深いご真意を悟らされました。

祝福家庭の特別な使命

〝交叉祝福〟とは、本来、国籍の違う者同士の祝福結婚のことですが、本質的には、互いに許し難く、愛し得ぬ二つの背景をもった者同士の祝福結婚は、すべて交叉祝福と言えるのです。

世界を一つにするには、国籍や宗教の壁を越えて和合しなければならず、国が統一されるには、民族と民族が和合しなければならず、民族が統一されるためには、家族と家族が和合しなければなりません。そのためには、怨讐《おんしゅう》関係の背景をもつ者が、婚姻《こんいん》を結んで、様々な障壁を克服して、真の愛で堅く結ばれること以外に道がありません。

そういう意味において、祝福家庭には、第一に、天の血統に連結されるという原理的恩恵があることは言うまでもありませんが、もう一つ、重要で特別な使命があるのだ、ということを強く感じたのです。それは、〝怨讐を愛して一つになる〟ということです。

夫婦間の〝三十八度線〟

国際祝福に限らず、すべての祝福家庭は、夫婦の生活の中に、互いが背負った二つの歴史的背景が噴出してくるため、様々な葛藤《かっとう》が生じてきます。つまり、〝夫婦の間に三十八度線がある〟ということです。

したがって、私たちが結婚生活において、遭遇するありとあらゆる葛藤《かっとう》を、単なる個人の問題と考えるのでなく、歴史的問題と考えて、相手を受け入れ、相手に奉仕し、愛し抜いて、その障壁を越えていく闘いこそが、祝福家庭の摂理史的使命であるということを感じるのです。

私たちは、たとえ今、夫婦の間にどんなに困難と葛藤があっても、決して落胆しあきらめてはなりません。「この一人を愛することが、神から託された私の使命」と思って、全身全霊で取り組むことが、即、私の南北統一であり、私の世界統一であると確信するのです。

事実、私たち夫婦が葛藤する胸の痛みは、神様の胸の痛みであり、私たちが真の愛によって勝利し、幸せを創造することこそが、親である神様の最高の喜びとなるのではないでしょうか。

《参考文献》

『祝福家庭と理想天国Ⅰ』光言社
『結晶物語』江本勝　サンマーク出版
『生命の暗号』村上和雄　サンマーク出版
『うまく行く夫婦仲の法則』松本雄司　光言社
『ほめられたい夫、愛されたい妻』松本雄司　光言社

「家庭と未来研究所」のご案内

①夫婦関係の悩み相談

②家庭問題全般に関する相談

③各種団体、サークルでの講演・研修・勉強会

連絡先：FAX　097－544－0798

E-mail：ymatsu@axel.ocn.ne.jp

［著者略歴］
松本雄司（まつもと　ゆうじ）
1947年、大分県生まれ。
中央大学卒業。会社役員、団体役員等を歴任。
その傍ら、子供の教育、結婚問題、家庭問題の研究とカウンセリングにあたる。
子供をめぐる社会問題をはじめ、すべての家庭問題の解決の鍵は、夫婦仲の改善にかかっているとの観点から、「家庭と未来研究所」を設立。夫婦関係の研究と家庭再建運動に力を注いでいる。
講演の対象は、これから結婚しようとする若者から老夫婦に至るまで、幅広い層にわたり、明快でなごやかな話の中にも、夫婦仲改善の秘訣が的確に示されることで定評がある。
現在：家庭と未来研究所　所長・カウンセラー
著書：「二人で学ぶ・うまくいく夫婦仲の法則」（光言社）
「ほめられたい夫・愛されたい妻」（光言社）

16 points for Quality Conjugal Love
夫婦愛を育てる16のポイント

2006年9月25日　初版第1刷発行
2009年4月10日　第2刷発行

著　者　松本雄司
発　行　株式会社　光　言　社
〒150-0042 東京都渋谷区宇田川町37-18
TEL.03-3467-3105
印刷所　株式会社　ユニバーサル企画

ISBN978-4-87656-125-4